D

C

Yf 10666

LETTRE

À UN HOMME DU VIEUX TEMS

SUR

L'ORPHELIN DE LA CHINE,

Tragédie de M. de Voltaire, représentée pour la premiere fois le 20 Août 1755.

JE vous ai tenu parole, Monsieur, j'ai vû hier la fameuse Tragédie Chinoise, vous jugez bien que toute la France y étoit, une Piéce de M. de Voltaire est une affaire d'Etat, & les Nouvellistes Anglois sont moins occupés dans leurs tristes Caffés la veille d'une Action, que ne l'étoient hier nos femmes d'un certain ton, & tous les bruians Orateurs des toilettes, des ruelles & des foyers. Les Loges étoient retenuës depuis, disoit-on, un Siécle, l'Amphithéâtre, le Théâtre & l'Orchestre paroissoient remplis de Laquais à plumets, de Valets-de-chambre galonnés, de Cuisinieres & de Décroteurs, qui tous différens d'humeurs & d'inclinations ne se ressembloient que par l'extrême insolence avec laquelle ils refuſoient mutuellement de ſe ſerrer un peu pour obliger un galant homme qui reſpecte aſſez le Public pour venir garder ſa place lui-même. Notre jeuneſſe diſtinguée arriva bien vîte à 5 heures & demie fort étonnée qu'il fût ſi tard, tandis que celle d'une claſſe un peu inférieure aſſiégeoit depuis 2 heures un malheureux Bureau où l'on n'avoit délivré que 30 Billets ; le combat fut violent, les épées furent briſées, les chapeaux perdus, les bourſes arrachées incluſivement avec les cheveux qu'elles renfermoient, & tel en cette bagarre, embourſa bravement trente coups de poings pour contenter une vaine curioſité, qui craindroit une égratigneure s'il la falloit endurer pour l'honneur de ſon pays, le bien de ſa famille, ou ſa propre réputation, que vous dirai-je enfin, tout fut en régle, & il ne manquoit plus que de tuer un Portier * pour que M. de Voltaire eût un ſuccès à la Scuderi.

On entra, on ſe rangea du mieux qu'il fut poſſible, un Duc auprès d'un Commis, une Fille de facile accès auprès d'une Comteſſe, les Financiers n'eurent de places qu'aux Secondes, & les Conſeilleres du Roi

* Chacun ſçait le propos de Scuderi, il prétendoit ſurpaſſer tous les ſuccès de Corneille, parce qu'à la Repréſentation d'une de ſes Piéces on avoit tué deux Portiers pour obtenir des Billets.

furent contraintes d'enterrer leurs parures aux Troisiémes; cinq heures & demie sonnérent, les Valets furent grondés, la Sentinelle les chassa, le Parterre poussa, les Amateurs toussérent, les honnêtes femmes quittérent leurs nœuds, les filles leurs mantelets, on fit silence, & la Toile se leva. A travers une cohorte indisciplinable de jeunes Gens militaires & Robins, le Théâtre offrit à nos yeux une décoration que l'on nous dit être chinoise, si vous voulez sçavoir mon avis, elle m'a paru gothique & voilà tout; le Peintre avoit dessein sans doute de faire un Palais de porcelaine autant qu'on a pû voir par l'exécution, & il n'a fait qu'un Palais dont les colomnes bleuës portent des chapiteaux rouges & sont soutenuës par des bases de même couleur, les cinq coulisses sont terminées par trois fermes percées en peristille, dont la derniere représente une fenêtre au-devant de laquelle est une Pagode, chaque coulisse ou colomne est ainsi que sa base & son chapiteau couverts d'hiéroglyphes soi-disant Chinois, & vraisemblablement copiés d'après les tablettes d'encre qui nous vient de cette savante contrée, lesquels vûs de loin semblent des veines d'or, & font de ce beau Palais une tabatiere d'avanturine. Si le Peintre qui a donné le dessein de cette Décoration eût

A ij

consulté nos Voyageurs ou quelques Sçacans, il auroit pû avoir une idée du dessein sur lequel le fameux Many, ce Raphaël des Indes, fit construire le cabinet des Rois de la Chine que lui-même il peignit à fresque. Mais dans ce pays ci on sçait tout sans rien apprendre, que nous sommes heureux!

La sublime Clairon & Mlle Hus ouvrirent la Scene, je ne puis nier que leurs habits ne soient charmants ; voilà la premiere fois que je vois Melpomene sans panier, loin que ce coutume d'habits ait fait tort aux charmes de nos Actrices, elles n'en ont paru que plus aimables & plus tragiques : quelques malins ont seulement remarqué que la mesure du pied de la plus jeune excédoit un peu celle de Pekin.

Premier Acte.

Idamé se plaint à sa Confidente de sa propre disgrace, & déplore les malheurs qui environnent l'Empire du Cathai ; c'est-là que se passe la Scene *. Genghiskan est un Scythe barbare sorti des extrêmités du Nord pour porter la terreur & la mort dans tout l'Univers, il a pris d'as-

* Vous connoissez ce pays si vous avez lû l'Arioste, il n'est pas permis d'ignorer que l'Empire de Cathai a donné la naissance à cette fameuse Angelique qui fit faire tant de sottises au vigoureux Rolland.

faut la Ville du Cathai, le fer, le feu le suit partout; mais ce qui porte encore plus Idamé à le craindre, c'est que ce Conquérant terrible, ce fior Genghis-kan n'est autre chose qu'un Scythe d'un rang assez obscur dont elle avoit jadis été aimée; mais qu'elle n'avoit pû épouser, parce que les Loix de la Chine défendent de s'unir aux Etrangers. Ce Conquérant se rappellera, dit-elle, son ancienne injure, il immolera mon époux à sa fureur. Cet époux arrive, c'est un Mandarin de la premiere Science, un de ces Lettrés si fameux dans l'Univers, dépositaires sacrés de ces augustes loix sur lesquelles est établi l'empire le plus ancien du Monde. Il vient annoncer à sa chére Idamé que l'Empereur, son auguste épouse & cinq de leurs fils viennent d'être égorgés, mais qu'il a sauvé le dernier enfant encore au berceau. A peine achéve-t-il que le Confident ou plutôt le Général des Troupes du Vainqueur vient demander à *Xamsi*, c'est le nom du Mandarin si je ne me trompe, ce cher enfant qu'il a souftrait au coup mortel. Si vous craignez la mort, dit-il, il faut me le livrer: je ferai mon devoir, répond le sage Vieillard, quelle consternation ou plutôt quel désespoir! Le Mandarin ordonne à son épouse de porter le fils du Roi au sein des tombeaux de ses

Ayeux, & de l'y cacher : elle sort pour exécuter ses ordres & le laisse avec son Confident à qui il fait faire le serment solemnel de taire à jamais le secret qu'il va lui confier, & alors il lui ordonne d'aller prendre son fils unique au berceau & de le porter aux Vainqueurs. Le Confident frémit, le vieillard lui-même s'émut, il ne peut dévorer les pleurs que lui arrache ce sacrifice affreux ; mais il exige qu'on lui obéisse, le Confident y souscrit : deux ou trois Mouchéurs assez mal-propres viennent vous apprendre que l'Acte est fini.

Le deuxième est ouvert par le Vieillard qui est instruit par les larmes de son Confident qu'il est obéi, sa femme entre, elle vient d'apprendre le projet de son époux, elle sçait qu'on a livré son fils, elle est femme, elle est mere, ajoutez à cela nouvelle mariée, & n'ayant qu'un enfant, le cri de la nature parle plus haut dans son cœur que l'amour de ses Rois, elle n'écoute point ce que lui allégue son époux, vous connoissez le coloris de M. de Voltaire, cela doit vous suffire pour juger de la beauté de cette Scene qui est vraiment digne de son Auteur. On vient annoncer l'arrivée du Conquérant ; tout le monde se retire, il entre enfin, il donne des ordres, distribuë ses troupes, il craint quelque surprise de la part des Comoréens qui étoient l'unique espérance du Mandarin, Il ordonne qu'on y veille, il se félicite d'être enfin sur le point de dévaster un Pays où il a essuyé tant de chagrins & d'affronts, on lui vient annoncer qu'à l'instant qu'on alloit livrer le dernier Fils du Roi au supplice, une femme aussi furieuse que désolée étoit venu l'arracher des mains de ses Soldats, & protester au nom de Dieu qu'on alloit égorger son propre fils, & non celui du Roi. Cette femme est inconnuë ; Genghis kan est étonné de cet événement, il soupçonne qu'on le trompe, il en est indigné, il donne ordre d'arrêter cette femme & son époux. Il sort.

Troisiéme Acte.

Il rentre furieux de n'avoir pû découvrir la vérité ; on améne cette femme ; quelle surprise pour lui de reconnoître cette même Idamé qu'il avoit adorée, & dont il avoit essuyé les refus ; tout son amour se réveille ; elle lui demande la grace de son fils ; ce mot lui apprend qu'elle est mariée, & le rend à la fois furieux & jaloux ; il veut voir cet époux heureux qui l'a emporté sur lui. Le Mandarin arrive, Genghis-kan porte déja dans
A iiij

son cœur l'arrêt de la mort de son rival, mais il veut sçavoir où est le fils du Roi. Idamé éperduë lui découvre le secret fatal de son mari & de l'Etat, & prouve par un très-grand discours que son époux est obligé d'écouter que les femmes n'entendent pas mieux les affaires, & ne sont pas plus discrettes au Cathai qu'ailleurs. Le vainqueur loin de s'appaiser s'irrite de plus en plus ; le Mandarin sort ; Idamé demande à son premier Amant la grace de son époux ; mais Genghis-kan lui répond qu'elle devroit plutôt songer à tous les affronts qu'il lui reste à réparer. Il reste avec son Confident à qui il dit dans un goût de longueur aussi inutile que déplacé, qu'il adore Idamé.

Au quatriéme Acte il propose à cette généreuse épouse de quitter son mari & de l'épouser. A ce prix seul elle peut obtenir la grace du Roi, Orphelin Royal de son Epoux & de son propre fils. Cette proposition ne se fait guère à une honnête femme, ou du moins l'exemple prouve qu'il faut s'y prendre avec certaines précautions que notre Conquérant ignoroit, vû sa qualité de Scythe, & qu'il auroit pû apprendre de quelques-uns de nos François. Idamé le refuse comme de raison, elle fait plus, elle lui parle avec morgue

& fierté, elle dit qu'elle aime mieux mourir, & prouve par d'excellens propos que si les femmes du Cathai ne gardent pas le secret de leurs maris, elles leur gardent du moins autre chose. En vain le vainqueur lui offre t-il le Sceptre de l'Univers, tout cela ne la tente point, quel amour conjugal! hélas! n'en pourrons-nous trouver des exemples qu'au Cathai! Pour moi j'irois m'y marier dès demain, si malheureusement la folie n'en étoit faite, il ne reste qu'un moyen à Genghis-kan, il menace de faire périr le Mandarin & les deux enfans, si la cruelle Idamé n'a pas la complaisance de répondre au plutôt à ses desirs. Cette tendre épouse frémit à ce discours, & demande à voir son mari, le Tyran lui permet & sort, elle reste avec sa Confidente qui en fille sincere lui conseille de contenter le vainqueur, on n'en doit point être surpris, c'est un propos de Femme-de-chambre. Oh les mœurs sont bien observées dans cette Tragédie! Il arrive cet époux contre l'honneur duquel le Maître du Monde conspire; il apprend les intentions du Conquérant, il voit que c'est à ce prix seul qu'il peut sauver le Fils du Roi pour lequel il a un attachement incroyable; il considere son grand âge & le peu d'usage qu'il peut faire d'une jeune femme, tout cela intérieurement ; ainsi tout examiné, il dit à Idamé qu'il faut qu'elle le quitte & suive Genghis-kan; il est vrai qu'il promet de se tuer, & c'est le parti le plus décent qu'il puisse prendre ; mais sa femme est indignée de ce projet, & lui en propose un meilleur, c'est de retirer elle-même le Fils du Roi des tombeaux où il est resté *sans manger*, & de le porter aux Chefs des Comoréens par des détours obscurs inconnus aux vainqueurs. Cette entreprise lui est d'autant plus aisée qu'elle est la seule qui ne soit point observée. Ainsi finit le quatriéme Acte.

Genghis-kan tout amoureux qu'il est a toujours les yeux ouverts ; il est instruit du complot, il fait arrêter les criminels, il ne reste aucune ressource à Idamé. A force de prieres elle obtient encore de revoir son époux. Le Public imagine aisément que le dernier parti qu'ils ayent à prendre est de se tuer tous deux d'un coup fouré, c'est aussi ce qu'ils vont faire. Idamé après avoir peint ses malheurs à son époux lui donne un poignard qu'elle avoit caché & le suplie de la fraper : il s'étonne, il frémit ; cette action demande quelques réfléxions, il en fait de très-courtes à la vérité, & le fer à la main, léve déja un bras que par bonheur Genghis-kan arrête, ils se croient perdus ; mais le vainqueur surpris de leurs vertus & sur-tout de leur constance, voyant qu'il ne pourra jamais contenter son amour, juge à propos de l'éteindre & leur pardonne aussi-bien qu'au fils du Roy qu'il comble de faveurs, & tout cela ne pouvant pas mieux faire.

Voilà, Monsieur, le plan exact de la Tragédie qu'à certains égard on a justement applaudie hier. Vous voyez que l'invention n'en est rien moins que neuve. Vous sçavez dans quelle Tragédie Angloise M. de Voltaire a pris sa Scene du cinquiéme Acte. La générosité de Gusman, d'Auguste, de Polieucte, & le dénouement de Pyrrhus sont les originaux de celui-ci. * Un fils supposé à la place d'un fils de Roy que l'on veut soustraire au supplice ; c'est le plan de la Tragédie d'Egyptus de Mr. de M. ou plûtôt c'est toute l'histoire d'Andromaque & d'Astyanax, le fils d'Hector est de même caché dans des Tombeaux.

Quant à la disposition, le but d'une

* De plus, si je n'étois discret par goût, j'ajouterois que cette Tragédie tant pour le plan que pour l'exécution est à Zulime du même Auteur ce que le Duc de Foix est à Adélaïde.

Tragédie ce me semble est d'instruire en intéressant. Les Poëtes instruisent de deux manieres en amusant, en présentant des modéles de vices ou de ridicules à fuir ; c'est la Comédie, en intéressant ; en offrant des Tableaux de vertus à imiter, c'est la Tragédie. Le but moral de celle-ci est assez obscur, on ne sçait si l'Auteur prétend montrer l'attachement que l'on doit avoir pour ses Rois, & alors il auroit eu tort de contredire cette maxime dans certains endroits de son ouvrage, ou bien veut-il donner un Tableau de la fidélité & de l'amour conjugal, alors il n'auroit pas fallu que son Mandarin qu'il veut rendre interessant y manquât en ne faisant nulle difficulté d'abandonner son épouse aux desirs d'un homme qu'elle a tant de raisons de haïr.

Pour l'interêt, il ne peut porter ni sur le fils du Roy, ni sur celui d'Idamé ; que l'on ne voit point que le Royaume du Cathai soit détruit ou florissant, cela est encore fort égal au Français. Genghiskan est un homme furieux qui n'a que les qualités d'un Conquérant, ce ne sont pas celles-là qui font pleurer. Il veut enlever une femme à son mari, & pour conquérir des Empires & les saccager, il n'a d'autre droit que la force, tout cela ne touche point en sa faveur. Quant au Mandarin on l'aimeroit sans doute, mais je ne sçais pourquoi on est fâché de voir un pere sur le point d'immoler un fils ; un époux pret à sacrifier sa femme à un rival furieux, tout cela est fort beau, mais cela n'est point dans nos mœurs ; tant de vertu nous accable, mais ne nous attire point du tout ; & dans toute l'assemblée quoiqu'elle fût nombreuse, je suis persuadé qu'il ne s'est trouvé ni pere ni époux qui en eût voulu faire autant en pareil cas, que le vieux Mandarin. Il ne nous reste plus qu'Idamé, aussi est-elle la plus intéressante, n'en déplaise à quelques agréables, qui n'aiment point avoir sur la Scene des tableaux de jeunes femmes qui aiment si vivement de vieux maris, ils n'ont que faire de craindre, un tel exemple n'est pas de nature contagieuse.

Parler du grand Voltaire c'est vouloir admirer, aussi fais-je ; cependant je ne puis me refuser deux ou trois idées. Je suis étonné par exemple, comment l'amour de Genghis-kan, de ce Conquérant terrible & fier, peut au bout de cinq années se rallumer à la premiere entrevuë avec autant de chaleur, & comment après s'être rallumé si vivement il se peut éteindre avec la même rapidité, cela ne paroît pas dans la nature. Polieucte & Gusman ne cédent leurs femmes que parce qu'ils vont mourir, & dans cette Tragédie Genghis-kan est encore au printems de son âge, tout lui réussit, il est heureux, il est vrai que c'est cela même qui rend son procédé héroïque, mais il faut que l'héroïsme même soit dans la nature, sinon il devient merveilleux & n'intéresse plus.

Vous parler de la diction seroit faire injure au grand Voltaire, les fleurs naissent partout sous ses pas & ne cédent leurs place qu'aux fruits. Quelle fécondité! Quels détails charmants! Quelle érudition! Le sentiment succéde à l'esprit, & l'esprit au génie. Partout où l'occasion se présente il fait l'éloge de ces Arts dont il est lui-même le flambeau. Il n'a pu s'empêcher de faire celui des Anglais (auxquels il a tant d'obligation) sous le nom de Japonnois. Idamé dans la Scene du cinquiéme acte avec son mari, lui dit qu'il faut périr de ses propres mains & imiter ces braves Insulaires qui sçavent disposer de leur sort sans attendre:

Qu'un Despote insolent leur apporte la mort.

Le Vainqueur veut que ses soldats respectent les Arts & qu'ils épargnent les

Livres sacrés : quoiqu'ils vous semblent des monumens d'erreur, dit-il :

> Cette erreur est utile,
> Elle occupe le Peuple & le rend plus docile.

Le second hémistiche ne me paroît pas d'une extrême justesse, l'erreur est mere du fanatisme, & nos histoires ne prouvent que trop que ce Monstre a plus soulevé de Sujets qu'il n'en a soumis : je finis, car item, il faut finir par un vers que je ne puis pardonner :

> Trop heureux les Sujets inconnus à leur Maître,

dit Monsieur de Voltaire ; ce sentiment n'est vrai que pour des étourdis qui craignent la colere d'un Maître parce qu'ils la méritent ; les gens censés pensent différemment, & pour moi qui me pique d'être du nombre des derniers, je me croirois trop heureux si j'étois connu de mon Maître, d'un Roi généralement aimé parce qu'il le mérite.

A propos j'oubliois de vous dire que les Comédiens ont retranché les lustres des aîles du Théatre, il faut esperer qu'à force de retrancher les inutilités nous n'y verrons bientôt plus ni balcons ni ballets.

Je suis Monsieur, J.

A Paris le 21. Août 1755.

www.ingramcontent.com/pod-product-compliance
Lightning Source LLC
Chambersburg PA
CBHW061611040426
42450CB00010B/2431